予期せぬ終わり

編／こどもくらぶ　企画協力／日本科学未来館

WAVE出版

はじめに

あらゆるものには「終わり」があります。
人も動物も、生命あるものは、いつかかならず死をむかえます。
地球上の生命をはぐくむ自然も、いつかほろびます。
地球にも星にも、宇宙にさえも、「終わり」がやってきます。
ところが、あらゆるものに「終わり」があることをわかっていても、
それを意識して生活している人は、ほとんどいません。
「命が終わる」＝「死ぬ」ことさえ、考えないで生活しています。
自分や家族、ペットの死について考えないようにする人も多くいます。

◆

「死を考えることは、よりよく生きることだ」という考え方があります。
どんな死に方をしたいか考えることは、そのまま
どんな生き方をしたいかを考えることでもあるというのです。
このシリーズは、こうした考え方を背景にして、
死（「終わり」）について考える本です。
生命の「終わり」だけでなく、
あらゆるものの「終わり」について考えてみる本です。

◆

このシリーズのもとになっているのは、
あらゆることの「終わり」を知ることが
よりよい生き方のヒントになるのではないかという考え方です。
人類がつくりあげた文化や科学技術は、
人類や地球のために役立てられるはずです。
このシリーズでは、みなさんに73の問いの答えを考えてもらいながら、
あらゆるものの「終わり」について考えていきます。

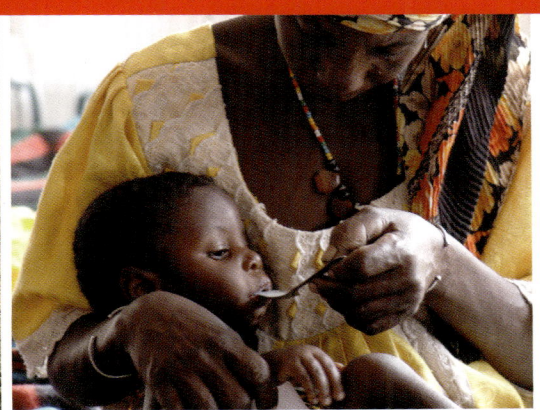

そうすることで、みなさんに、よりよい生き方を考えてもらいたい！
3・11東日本大震災とその後の原子力発電所事故により、
わたしたちはあらゆるものに「終わり」があることを、
意識しやすくなりました。
死ぬなんて考えられなかった人が、……
破壊されるなんて考えられなかったものが、……。
わたしたちは、今、
あらゆるものに「終わり」があることを認める準備ができています。
3・11以降だからこそ、多くの人に読んでほしい！
このシリーズには、ここに記した趣旨と願いをこめて、
「世界の終わりのものがたり　～そして未来へ～」＊という題をつけました。

　　　　　　　　　　　　　　　　　　　　　　こどもくらぶ

この本のもとになったのは、東京のお台場にある日本科学未来館でおこなわれた「世界の終わりのものがたり～もはや逃れられない73の問い」＊という企画展です。2012年3月から6月にかけておこなわれ、多くの人が来場しました。この本は、その企画展の内容をもとに加筆・再構成したものです。本のなかに「来場者の回答」とあるのは、企画展への来場者が問いに答えた結果を紹介するものです。そこからは、みなさんが問いに答えるためのヒントが得られます。

■企画展「世界の終わりのものがたり～もはや逃れられない73の問い」　2012年3月10日～6月11日
　http://www.miraikan.jp/sekainoowari/
＊この企画展では、73の問いは4つのセクションにわかれていたが、この本では、セクション1「予期せぬ終わり」を第1巻で、セクション2「わたしの終わり」を第2巻で、セクション3「文化の終わり」とセクション4「ものがたりの終わり」を第3巻で、それぞれあつかっている。

＊この企画展の題と、シリーズのタイトルとはことなる。「そして未来へ」は、こどもくらぶがつけたもの。

この本の使い方

このシリーズは、73の問いに答えながら、みなさんの生き方を考えてもらう本です。どのように自分の答えを出せばよいかをしめすため、次のように構成しています。

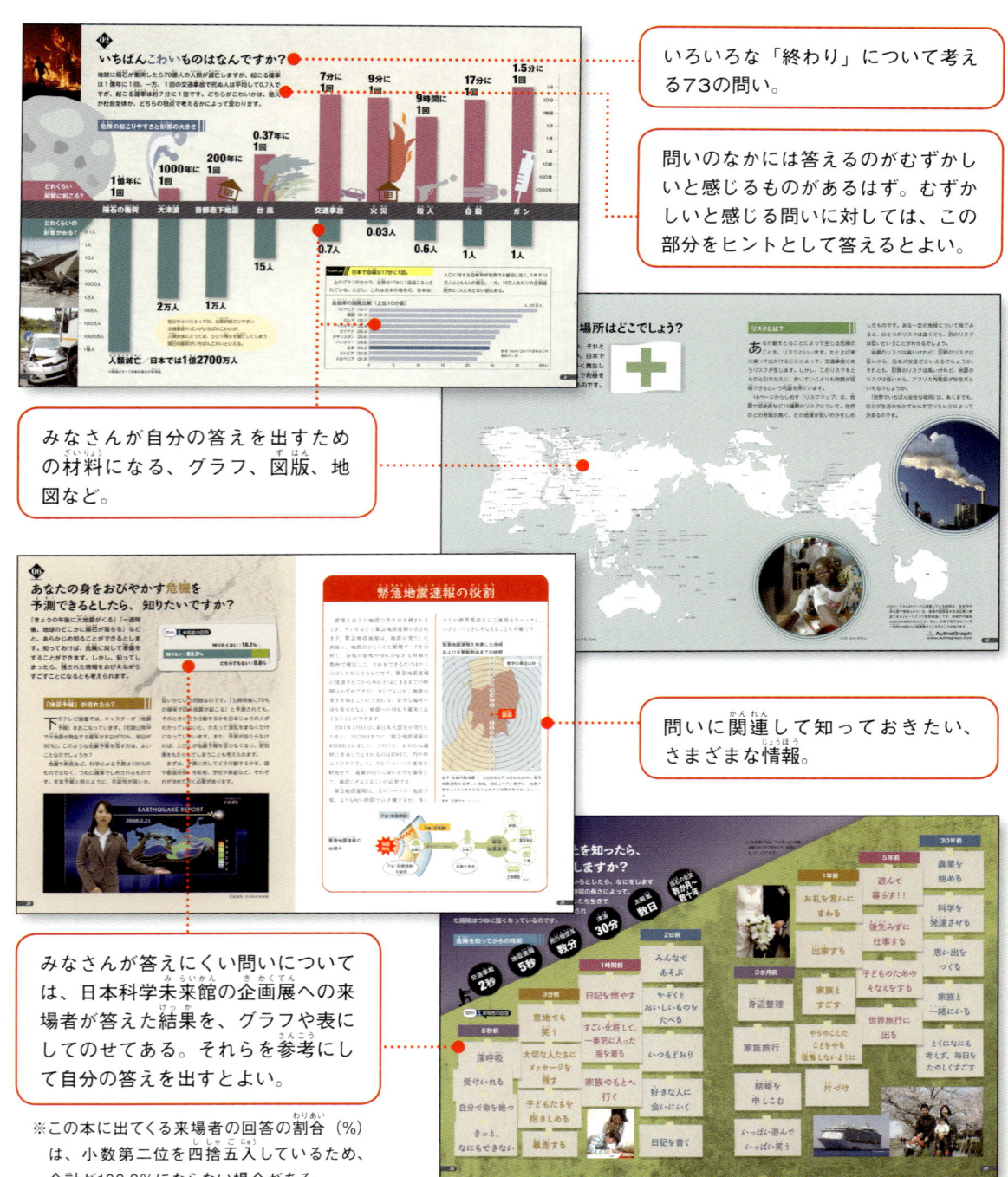

いろいろな「終わり」について考える73の問い。

問いのなかには答えるのがむずかしいと感じるものがあるはず。むずかしいと感じる問いに対しては、この部分をヒントとして答えるとよい。

みなさんが自分の答えを出すための材料になる、グラフ、図版、地図など。

問いに関連して知っておきたい、さまざまな情報。

みなさんが答えにくい問いについては、日本科学未来館の企画展への来場者が答えた結果を、グラフや表にしてのせてある。それらを参考にして自分の答えを出すとよい。

※この本に出てくる来場者の回答の割合（％）は、小数第二位を四捨五入しているため、合計が100.0％にならない場合がある。

もくじ

はじめに ……………………………… 2
この本の使い方 ……………………… 4

01 あなたの人生でいちばん
心配なことはなんですか? ……… 6

02 いちばんこわいものは
なんですか? ……………………… 8

03 人がうみだしたことと、
人の手によらないことと、
どちらがこわいのでしょう? …… 12

04 世界でいちばん安全な場所は
どこでしょう? …………………… 14

05 危険があると知ったら、
住みなれた街を離れることを
えらびますか? …………………… 22

06 あなたの身をおびやかす危機を
予測できるとしたら、
知りたいですか? ………………… 24

緊急地震速報の役割 ……………… 25

07 どんな病気になるか
あらかじめわかるとしたら、
知りたいですか? ………………… 26

08 自分がどんな病気になるかを
知ったら、それを家族や
だいじな人に知らせますか? … 27

09 危機がせまっていることを
知ったら、残された時間で
なにをしますか? ………………… 28

10 リスクがない環境で
安心して生きたいですか? …… 30

11 リスクを完全になくすことは
できない世界で、あなたは
リスクとどうつきあいますか? … 32

さくいん …………………………… 38

ひとりで死ぬこと

人類のこれから

病気で寝たきりになること

子どもたちの未来

01

あなたの人生でいちばん心配なことはなんですか？

いちばんの心配ごとは、ひとりひとりがなにを大事に思うか、どんな生活をしているかなどによってさまざまです。自分の心配を解決しようとすると、それがほかのだれかの心配をうみだしてしまうこともあります。全員の心配を、すべて同時に解決することはできません。

結婚できるか

じしん
つなみ
たいふう
かじ

問01 来場者の回答

受験

頼れる人が
いなくなること

むしばが
しんぱい

中学合格できるか？
仕事につけるか？

富士山の噴火

いつか日本が戦争を
はじめるんじゃないか

老後

赤字国債のつけ

増税

おばけ

心配のない状態を
続けていけるのか
心配

友だちがいなくなること

放射性物質拡散

目標がないこと

日本が震災から
立ちなおれるか

自分が死ぬまでに
やりたいこと
全部できてるかなぁ

親が老いたときのこと

地球温暖化がすすみ生き物が減少し
人間がすめない星になること

02 いちばんこわいものはなんですか?

地球に隕石が衝突したら70億人の人類が滅亡しますが、起こる確率は1億年に1回。一方、1回の交通事故で死ぬ人は平均して0.7人ですが、起こる確率は約7分に1回です。どちらがこわいかは、個人か社会全体か、どちらの視点で考えるかによって変わります。

危険の起こりやすさと影響の大きさ

どれくらい頻繁に起こる?

隕石の衝突	大津波	首都直下地震	台風
1億年に1回	1000年に1回	200年に1回	0.37年に1回

どれくらいの影響がある?

目盛: 0.1人／1人／10人／100人／1000人／1万人／10万人／100万人／1000万人／1億人

- 隕石の衝突: 人類滅亡／日本では1億2700万人
- 大津波: 2万人
- 首都直下地震: 1万人
- 台風: 15人

自分ひとりにとっては、比較的起こりやすい交通事故やガンがいちばんこわいが、人類全体にとっては、ひとり残らず滅亡してしまう隕石の衝突がいちばんこわいといえる。

※数値はすべて日本の場合の参考値。

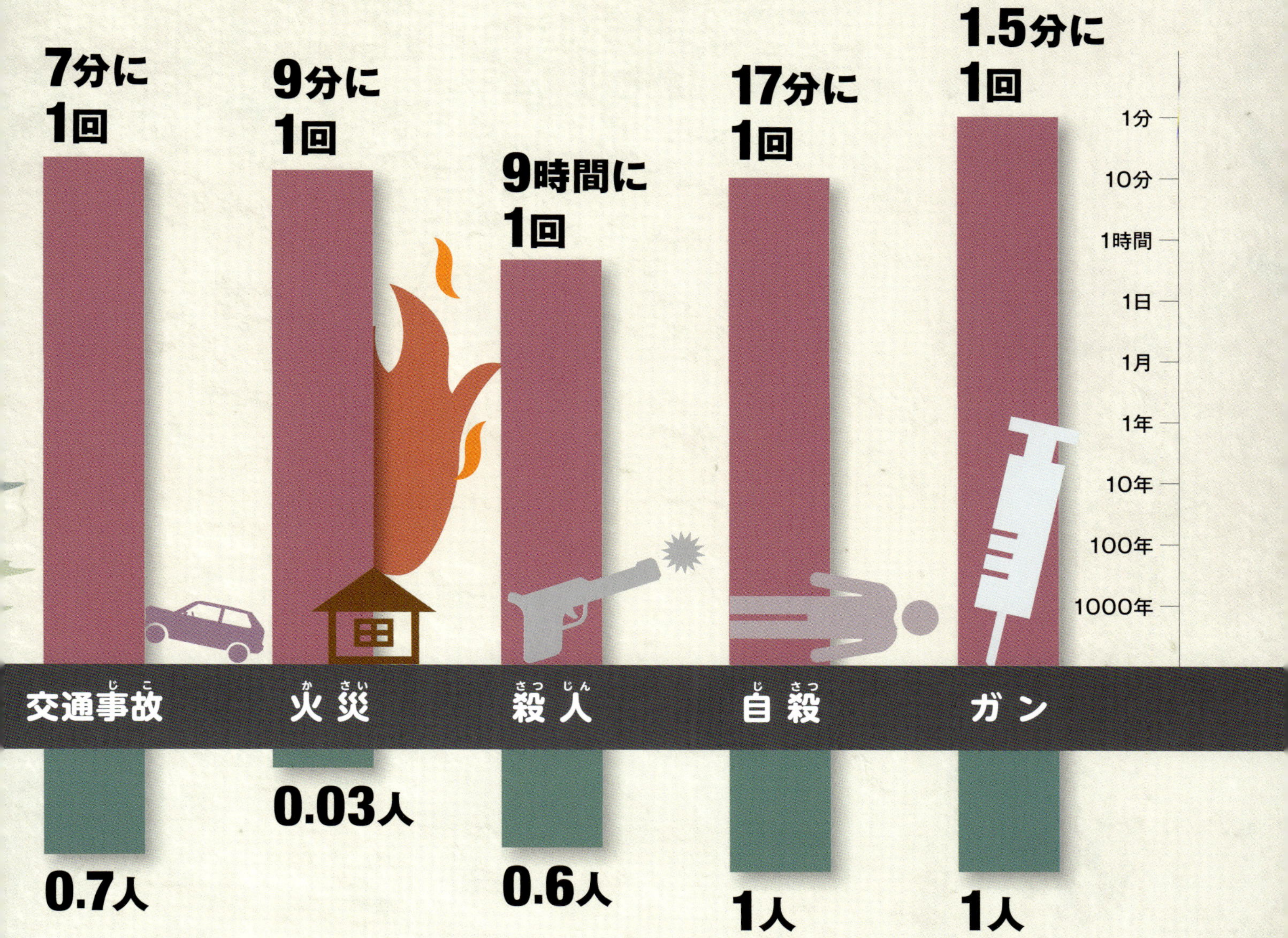

7分に
1回
9分に
1回
9時間に
1回
17分に
1回
1.5分に
1回
1分
10分
1時間
1日
1月
1年
10年
100年
1000年
交通事故
火災
殺人
自殺
ガン
0.7人
0.03人
0.6人
1人
1人

ワンポイント 日本で自殺は17分に1回。

上のグラフのなかで、自殺は17分に1回起こるとされている。ただし、これは日本の場合だ。日本は、人口に対する自殺率が世界で８番目に高く、1年で10万人に24.4人の割合。一方、10万人あたりの自殺者数が0.1人にみたない国もある。

自殺率の国際比較（上位10か国）

人 /10 万人
リトアニア（34.1）
韓国（31.0）
ロシア（30.1）
ベラルーシ（28.4）
ガイアナ（26.4）
カザフスタン（25.6）
ハンガリー（24.6）
日本（24.4）
ラトビア（22.9）
スロベニア（21.9）
参考：WHO（2011年度時点での最新データ）
0
5
10
15
20
25
30
35（人）

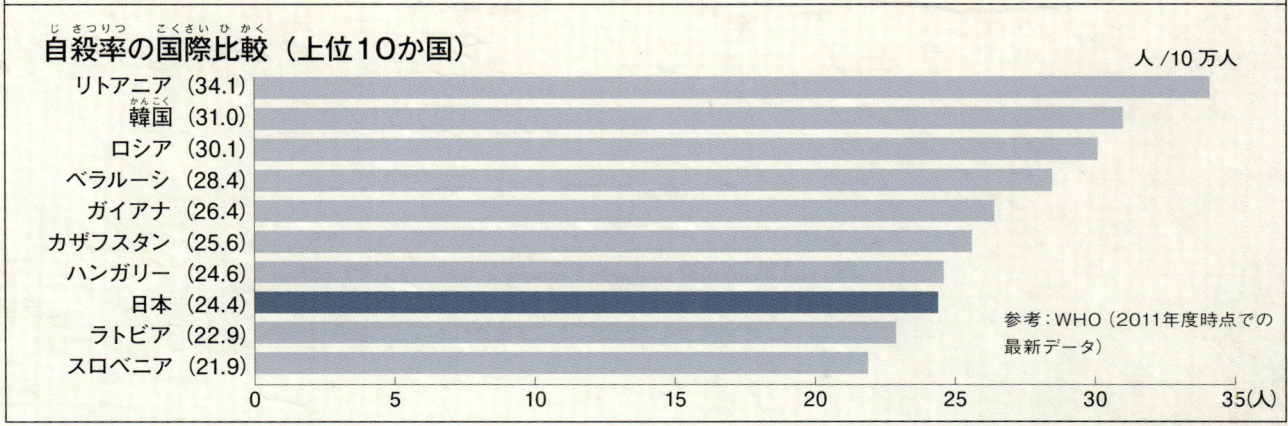

国ごとの死亡原因

図は100人のうち、何人かをあらわしたもの。

日本やほかの高所得国では、心臓・脳の病気や高齢者がかかりやすいガンが多いが、低所得国では、うまれてまもないときの病気や、感染症、エイズが多い。

■ ガン
■ 心疾患
■ 脳血管疾患
■ 肺炎
■ 不慮の事故
■ 老衰
■ 自殺
■ 腎不全
■ 肝疾患
■ 糖尿病
■ 大動脈瘤および解離
■ 慢性気管支炎および肺気腫
■ 高血圧性疾患
□ その他

日本の死因別の死亡確率

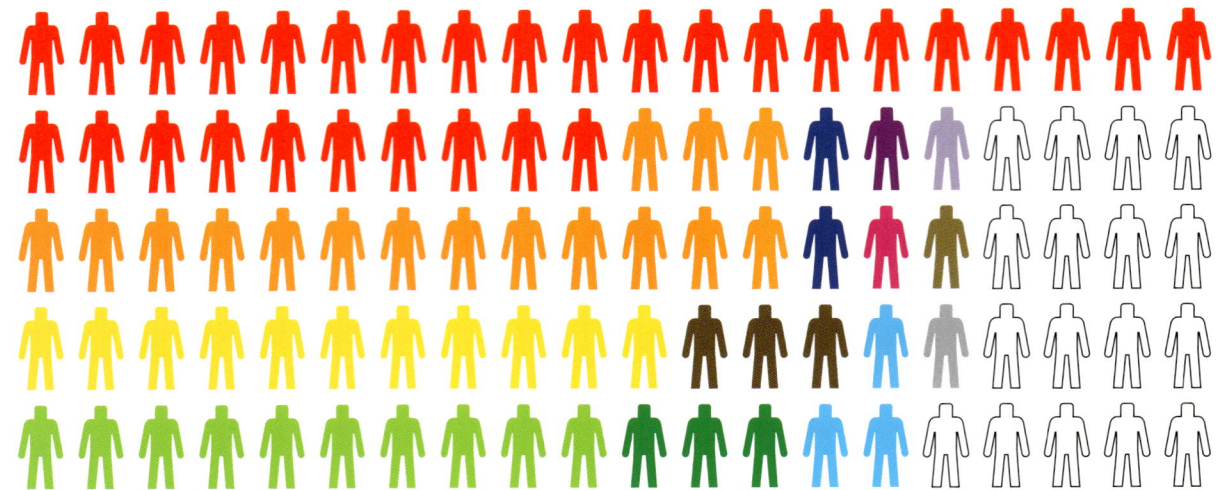

参考：総務省統計局「平成20年主要死因別死亡者数」

世界の死因トップ10  高所得国

■ 虚血性心疾患
■ 脳卒中・その他の脳血管疾患
■ 気道、気管支のガン・肺ガン
■ アルツハイマー型認知症・その他の認知症
■ 下気道感染症
■ COPD（慢性閉塞性肺疾患）
■ 大腸ガン
■ 糖尿病
■ 高血圧性心疾患
■ 乳ガン
□ その他

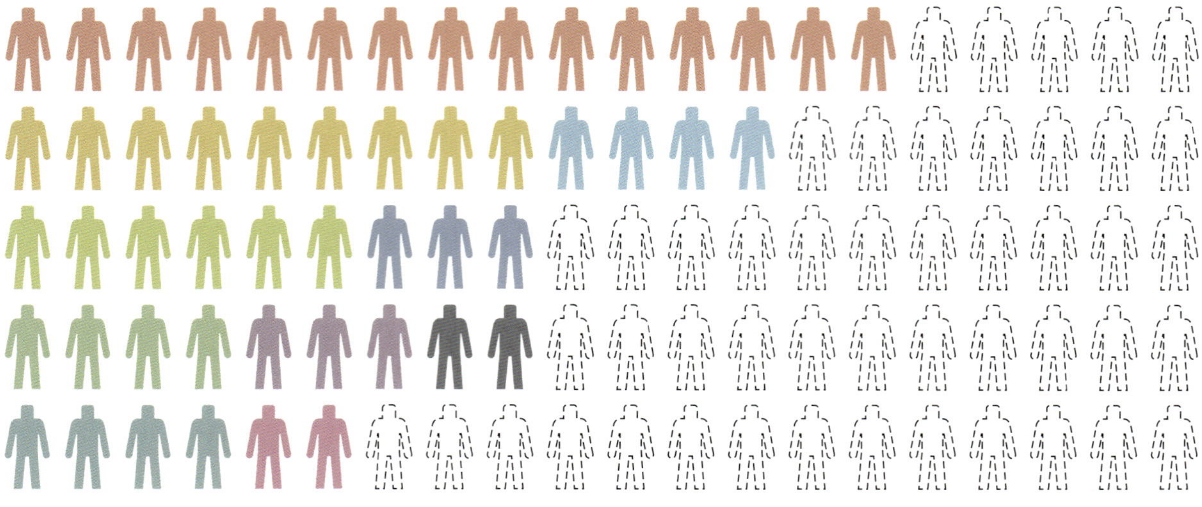

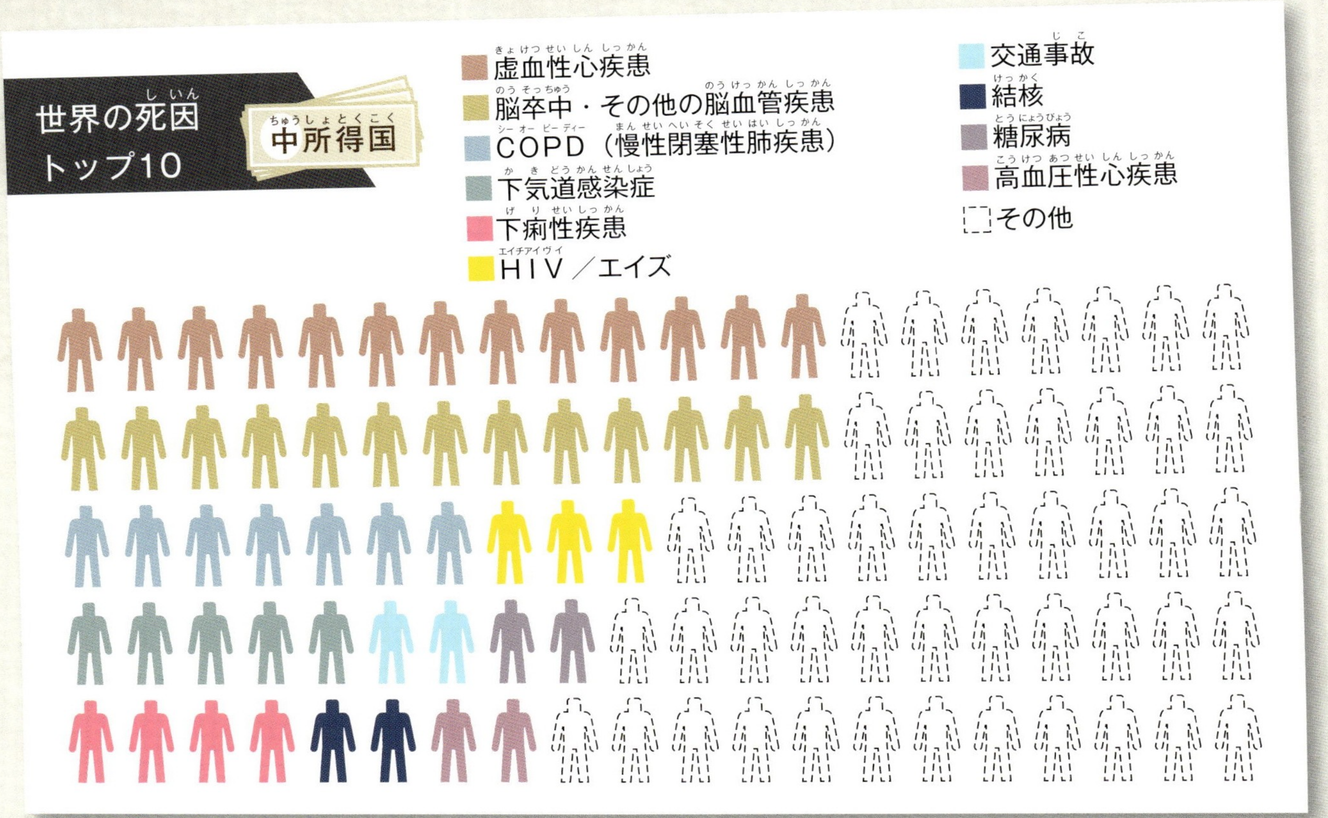

世界の死因トップ10 　中所得国

- 虚血性心疾患
- 脳卒中・その他の脳血管疾患
- COPD（慢性閉塞性肺疾患）
- 下気道感染症
- 下痢性疾患
- HIV／エイズ
- 交通事故
- 結核
- 糖尿病
- 高血圧性心疾患
- その他

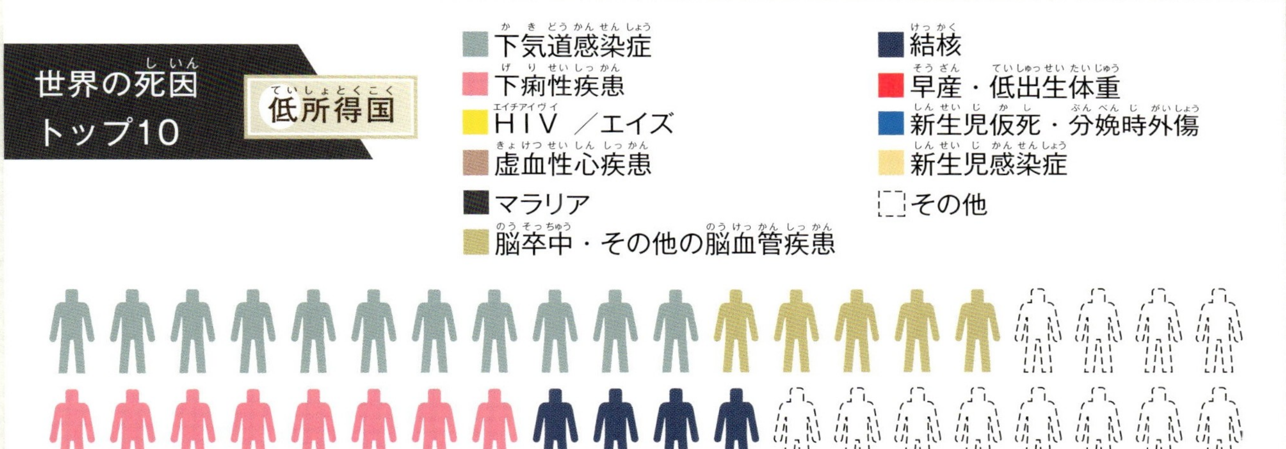

世界の死因トップ10 　低所得国

- 下気道感染症
- 下痢性疾患
- HIV／エイズ
- 虚血性心疾患
- マラリア
- 脳卒中・その他の脳血管疾患
- 結核
- 早産・低出生体重
- 新生児仮死・分娩時外傷
- 新生児感染症
- その他

【世界の死因トップ10】
参考：WHO The top 10 causes of death

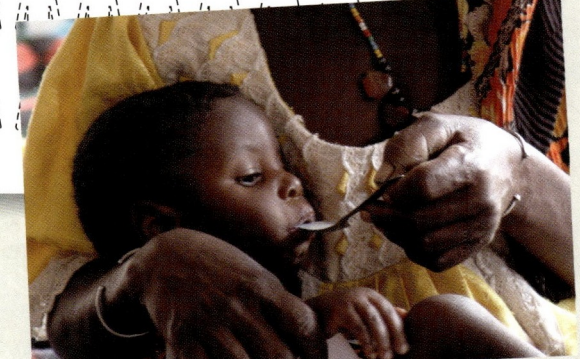
©WFP/Marcus Prior

03 人がうみだしたことと、人の手によらないことと、どちらがこわいのでしょう？

人がうみだしたこと

交通事故

2009年、アメリカのカリフォルニア州で起こった乗用車の衝突事故。

原発事故

1986年に事故を起こした、ウクライナ（当時はソ連）のチェルノブイリ原子力発電所。

地震、津波、台風などによる自然災害は、わたしたちの生活を突然おびやかします。一方で、原子力発電所、電車や飛行機など、人がつくったものも、ひとたび事故を起こせば大きな被害をもたらします。人が便利さをもとめてつくったものが、人をおびやかすこともあるのです。

人の手によらないこと

津波
2011年3月、東日本大震災の津波におそわれた岩手県陸前高田市。
―写真提供：東京消防庁

火山
現在も噴火を続ける、イタリアのストロンボリ島の火山。
©Can Stock Photo Inc. / vulkanette

地震
東日本大震災で崩れおちた福島県相馬市の街なみ。

問03 来場者の回答
人の手によらないこと：**32.8%**
人がうみだしたこと：**66.1%**
どちらでもない：**1.2%**

世界でいちばん安全な場所はどこでしょう？

「安全」とは、命の危険がないことでしょうか。それとも、ものやお金を盗まれないことでしょうか。日本では、犯罪にあう確率は低いですが、地震は多く発生します。わたしたちは、ある場所に生きることで利益を得るのとひきかえに、危険に向きあってもいるのです。

リスクとは？

ある行動をとることによって生じる危険のことを、リスクといいます。たとえば車に乗って出かけることによって、交通事故にあうリスクが生じます。しかし、このリスクをとるのと引きかえに、歩いていくよりも時間が短縮できるという利益を得ています。

16ページからしめす「リスクマップ」は、地震や感染症など16種類のリスクについて、世界のどの地域が高く、どの地域が低いのかをしめしたものです。ある一定の地域について見てみると、ひとつのリスクは高くても、別のリスクは低いということがわかるでしょう。

地震のリスクは高いけれど、犯罪のリスクは低いから、日本が安全だといえるでしょうか。それとも、犯罪のリスクは高いけれど、地震のリスクは低いから、アフリカ内陸部が安全だといえるでしょうか。

「世界でいちばん安全な場所」は、あくまでも、自分が生活のなかでなにを守りたいかによって決まるのです。

※14ページから21ページに掲載している地図は、日本科学未来館で使用されている、陸地の面積比をほぼ正確に表記できる「オーサグラフ世界地図」です。地図中の国名は2010年時点のものです。また、日本で発行されている一般的な地図とは国境線がことなるところがあります。

©US Army Africa

www.authagraph.com

地震　地震の震源地（2010年）

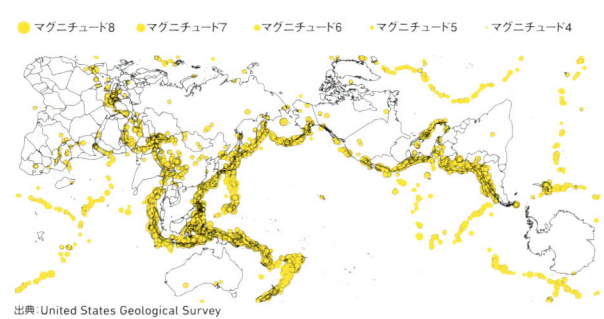

● マグニチュード8　● マグニチュード7　● マグニチュード6　● マグニチュード5　● マグニチュード4

出典：United States Geological Survey

津波　想定される津波の高さ（m）

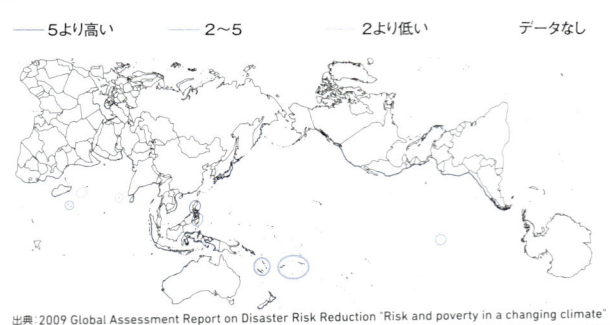

― 5より高い　― 2〜5　― 2より低い　データなし

出典：2009 Global Assessment Report on Disaster Risk Reduction "Risk and poverty in a changing climate"

火山

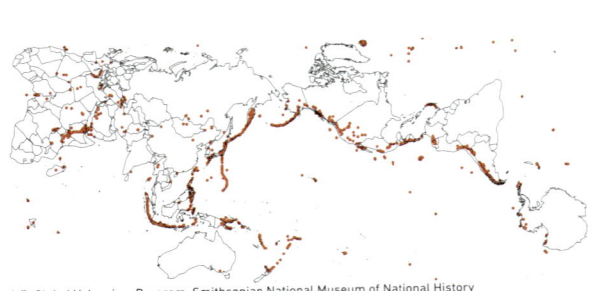

出典：Global Volcanism Program, Smithsonian National Museum of National History

原子力発電所

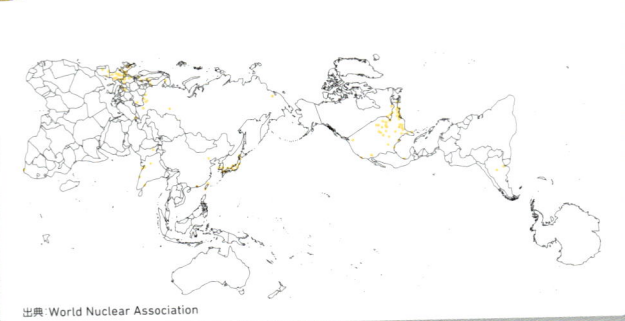

出典：World Nuclear Association

2011年に発生した東日本大震災で崩れおちた福島県国見町の住宅。

2011年3月12日に撮影された、爆発後の福島第一原子力発電所。

2011年、アフリカ北東部をおそった干ばつにより、発生した飢饉で苦しむ親子。
©WFP/Judith Schuler

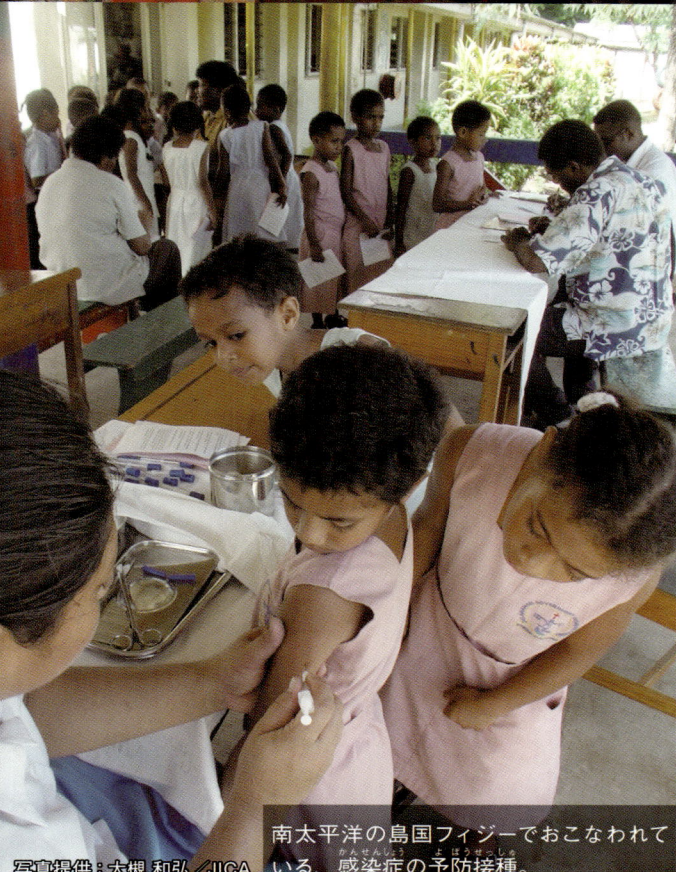

南太平洋の島国フィジーでおこなわれている、感染症の予防接種。
写真提供：大槻 和弘／JICA

戦争・内戦

1973年以降の戦争・内戦による死者数（人）

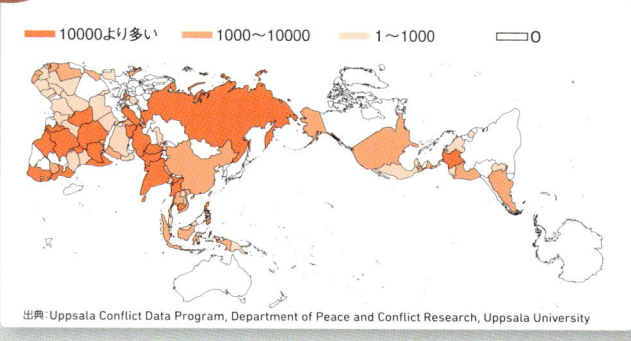

10000より多い　1000〜10000　1〜1000　0

出典：Uppsala Conflict Data Program, Department of Peace and Conflict Research, Uppsala University

飢餓　栄養不足の人口の割合（％）

35より高い　10〜34　0〜9　データなし

出典：The State of Food Insecurity in the World 2011

食料自給率　穀物自給率（％）

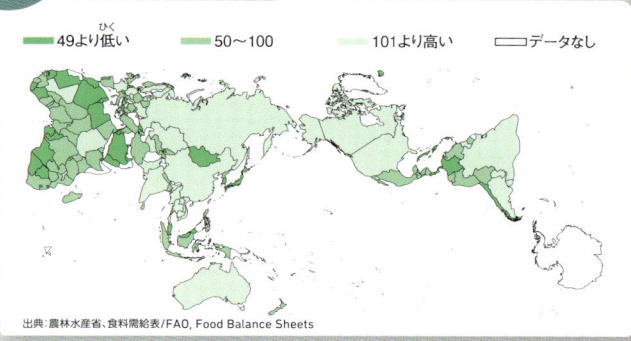

49より低い　50〜100　101より高い　データなし

出典：農林水産省、食料需給表／FAO, Food Balance Sheets

感染症　コレラによる死者の割合（％）

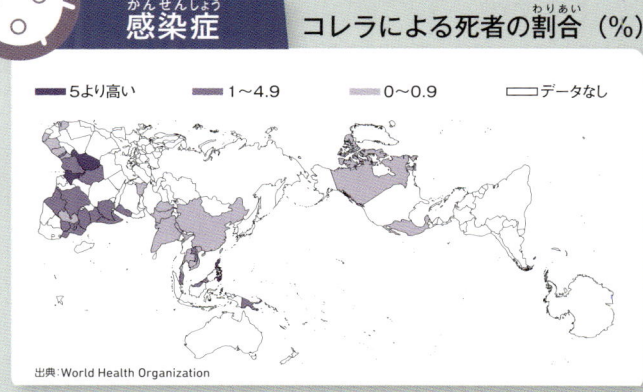

5より高い　1〜4.9　0〜0.9　データなし

出典：World Health Organization

大気汚染
一酸化窒素の排出量（1000トン／年）

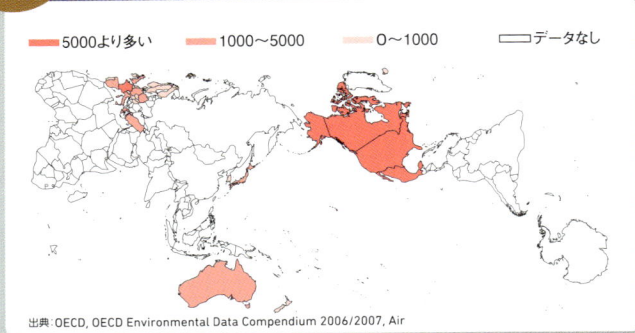

出典：OECD, OECD Environmental Data Compendium 2006/2007, Air

水質汚染
劣悪な上下水道と衛生設備による死者数（人／100万人）

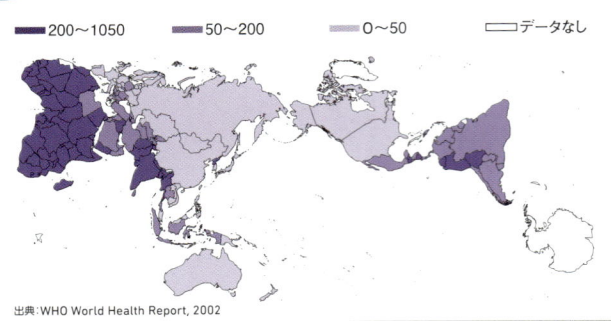

出典：WHO World Health Report, 2002

交通事故
交通事故による死者数（人／年）

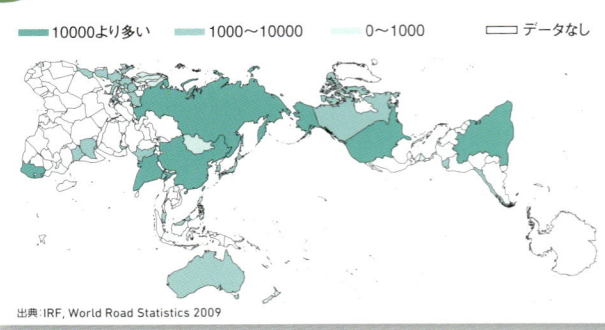

出典：IRF, World Road Statistics 2009

国の借金
GDP（国内総生産）あたりの借金の割合（％）

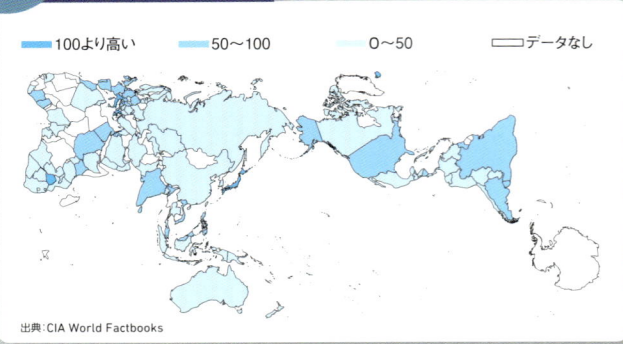

出典：CIA World Factbooks

赤潮が発生した秋田県の海岸。赤潮は水質汚染が原因で起こると考えられている。

アメリカの高速道路での交通事故。車社会のアメリカでは交通事故が多発している。

© Maggern ¦ Dreamstime.com

失業者がならぶスペインの職業安定所。2012年8月現在、スペインの失業率は20％をこえている。
写真：AP/アフロ

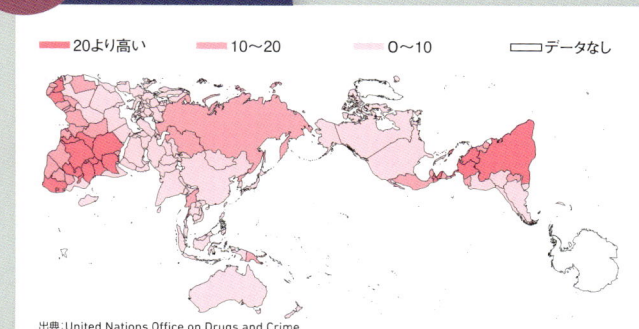

犯罪　殺人被害者の割合（人／100万人）

20より高い　10〜20　0〜10　データなし

出典：United Nations Office on Drugs and Crime

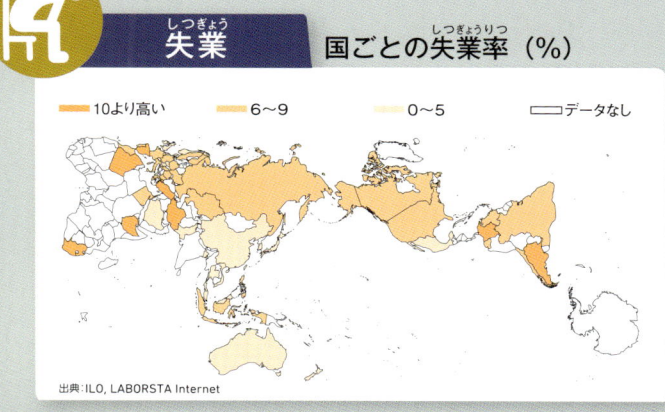

失業　国ごとの失業率（％）

10より高い　6〜9　0〜5　データなし

出典：ILO, LABORSTA Internet

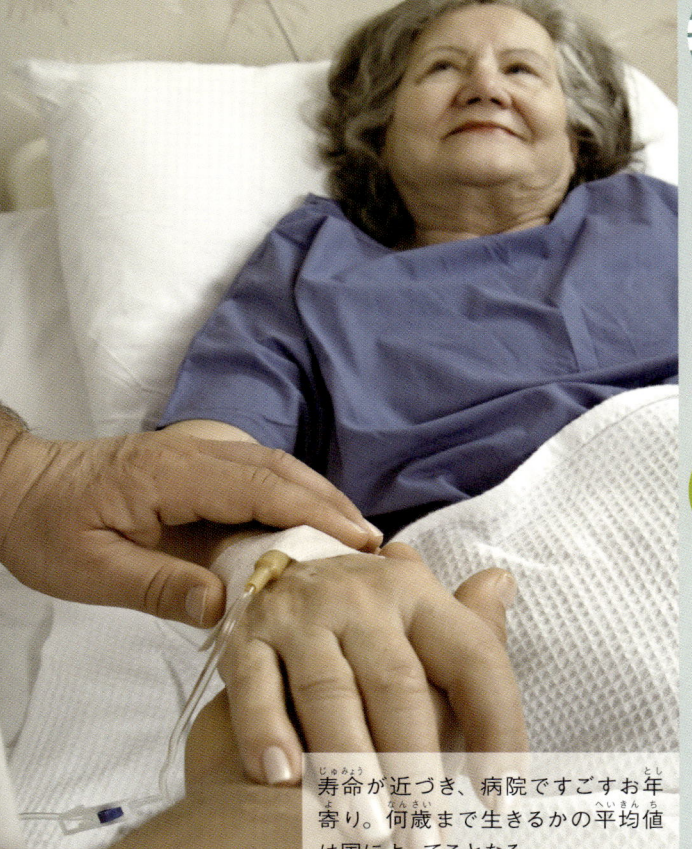

寿命が近づき、病院ですごすお年寄り。何歳まで生きるかの平均値は国によってことなる。

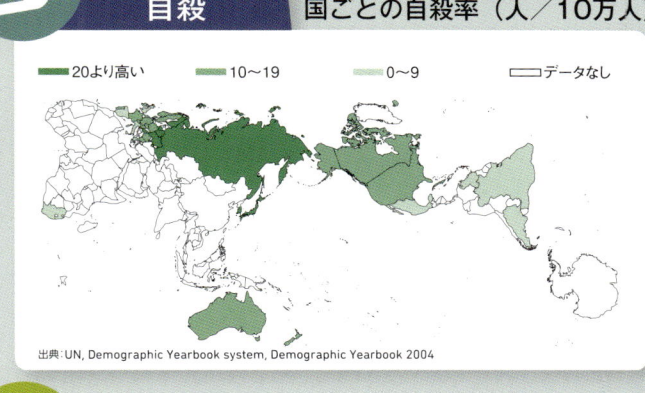

自殺　国ごとの自殺率（人／10万人）

20より高い　10〜19　0〜9　データなし

出典：UN, Demographic Yearbook system, Demographic Yearbook 2004

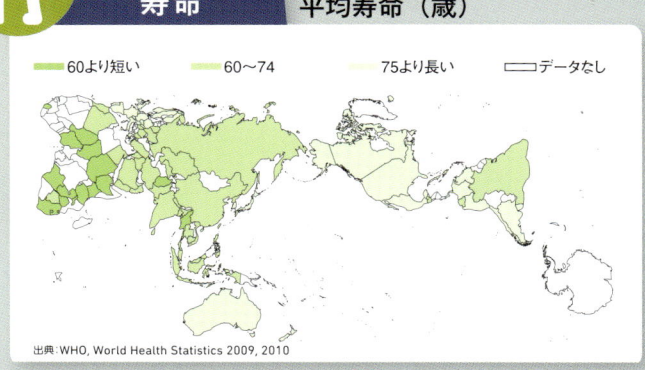

寿命　平均寿命（歳）

60より短い　60〜74　75より長い　データなし

出典：WHO, World Health Statistics 2009, 2010

すべてを重ねたリスクマップ

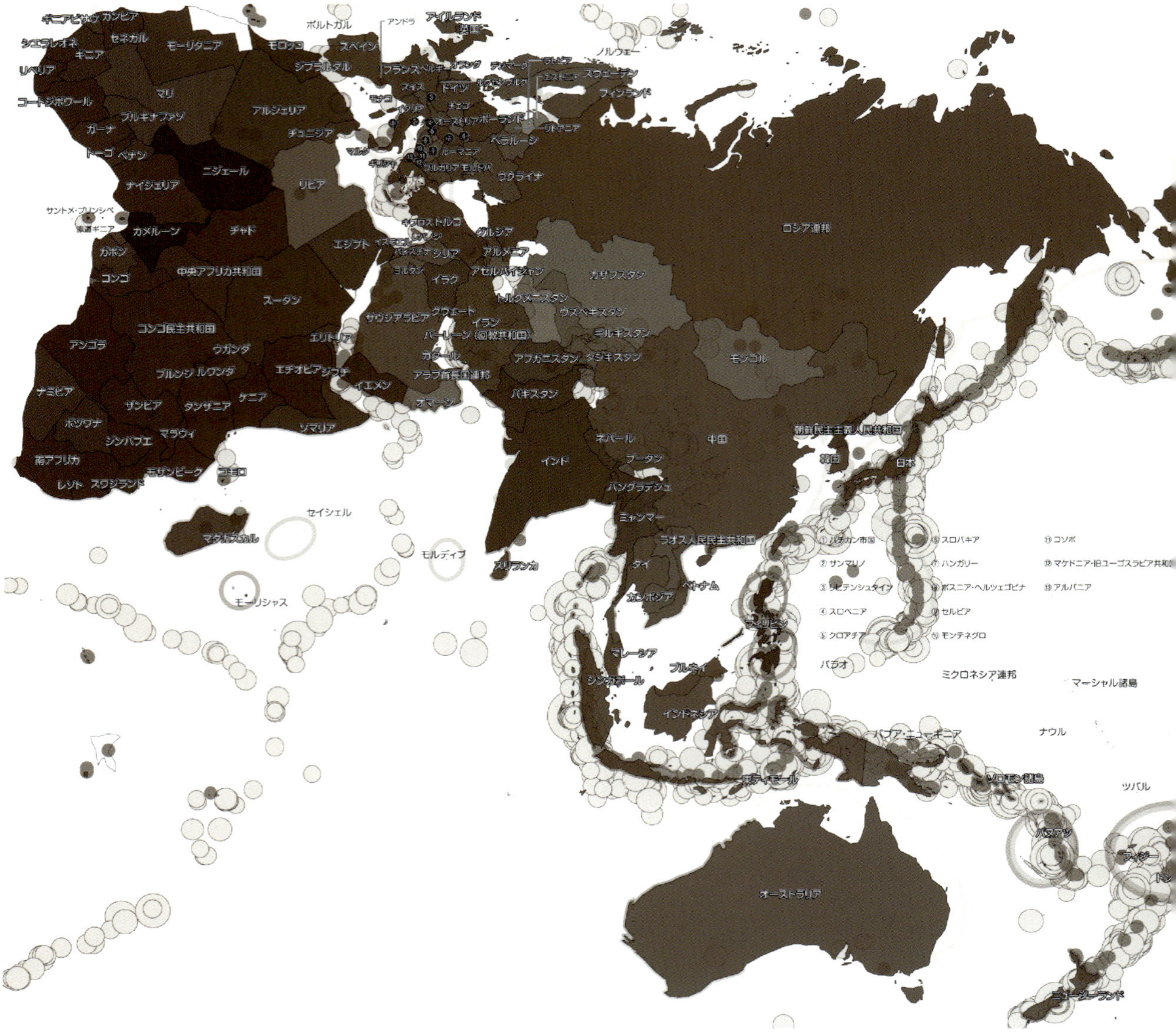

これまでにみてきた16枚の地図をすべて重ねると、下の図のようになります。色がついていない地域は、南極か、北極の近くのグリーンランドだけだとわかります。これらの地域はそもそも人が住むのに適さず、データ自体がない項目も多いので、白いからといって決して安全というわけではありません。人が住めないほどの寒さなど、地図でとりあげたもの以外のリスクがあるともいえます。

　このように、リスクはこれまでみてきた地図にあるものだけではありません。また、地図では国ごとに色をつけているものもありますが、同じ国のなかでも地域によってちがいがあります。

　どこに住んでいてもリスクの量はそう変わらないとすれば、自分がなにを大切にするかをもとに、利益とリスクのバランスを考えることが必要です。

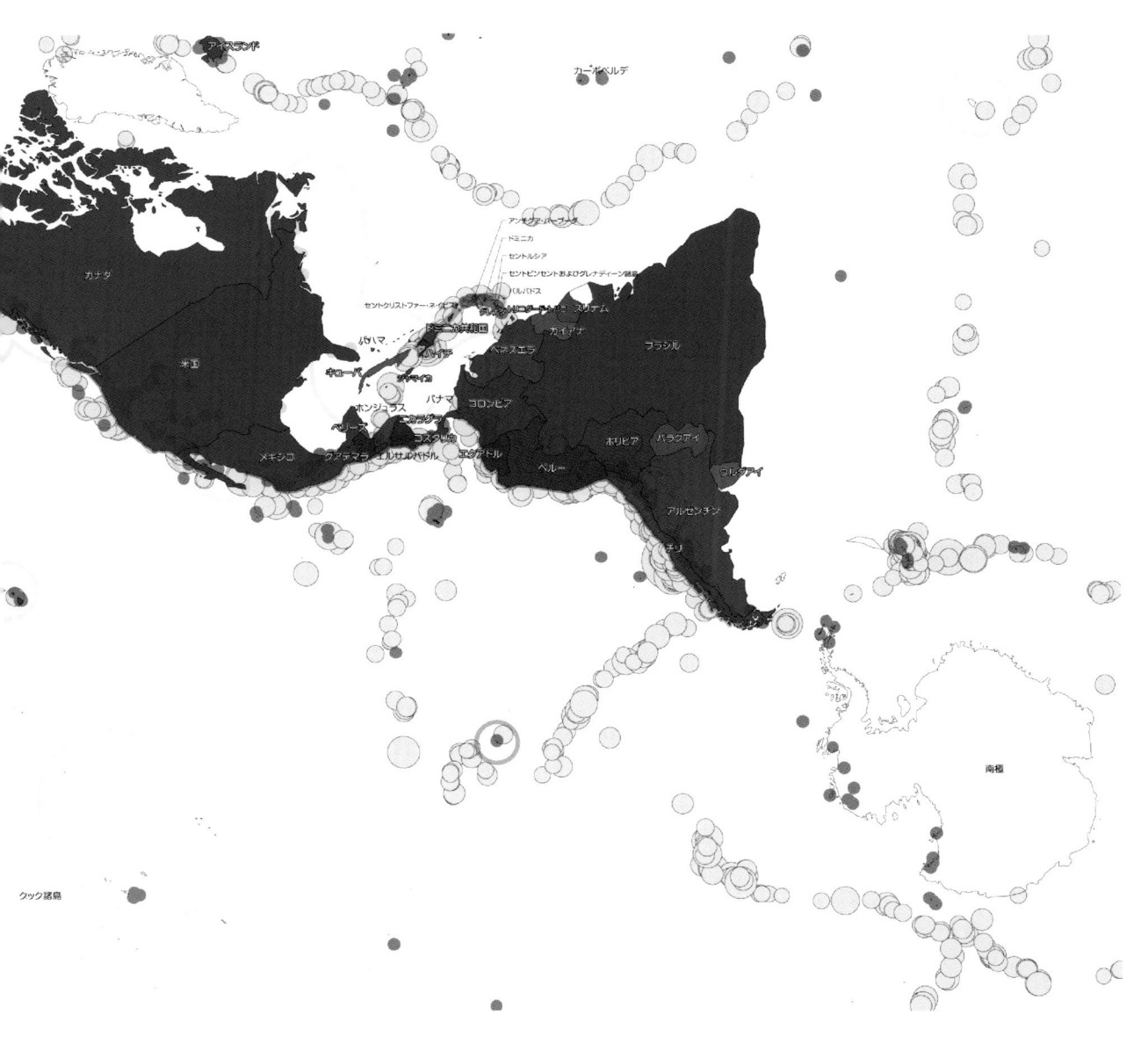

05 危険があると知ったら、住みなれた街を離れる

ある日突然、「この街に住んでいたら健康に害がおよぶ」と知らされたら、どうしますか。街には家や学校があり、友だちがたくさんいます。多くのおとなが、その街で仕事をしています。危険だとわかっていても、街を離れることはそうかんたんではありません。

福島の場合

2011年3月11日に発生した東日本大震災のあと、福島第一原子力発電所は巨大な津波におそわれ、放射性物質が原子炉の外部にもれだす重大事故が起こりました。

その日の午後には福島第一原発周辺の半径3km圏内の住民に対し、避難指示が出されました。翌12日には福島第一原発周辺の半径20km圏内と、福島第二原発周辺の半径10km圏内に避難指示が、3月15日には、福島第一原発周辺の半径20～30km圏内に屋内退避指示が出されました。

さらに4月21日、日本政府は、福島第一原発から20km圏内の地域を警戒区域に指定し、立ち入りを禁止しました。事故発生当初、すぐにもどれると思い、ほとんどなにももたずに避難所に逃げた住民からは、失望と事故への怒りの声があがりました。翌22日には、警戒区域外の飯舘村全域や川俣町の一部なども計画的避難区域に指定され、住民は1か月をめどに避難をもとめられました。

ことをえらびますか？

市の一部が立ち入り禁止となった福島県南相馬市。
写真：Bruce Meyer-Kenny/アフロ

原発からの避難指示（2011年）

アメリカが日本国内のアメリカ人に出した避難勧告（3月17日発令）半径80km

屋内退避指示※1（3月15日発令）半径20～30km

避難指示（3月12日発令）半径20km

避難指示※2（3月12日発令）半径10km

※1 屋内にとどまるか、自主避難を要請。
※2 福島第二原発の避難指示は4月21日に8km圏内に縮小され、12月26日に解除。

　突然の事故により、住みなれた場所が危険にさらされ、そこを離れなければならないということが、実際に起こったのです。
　福島の場合は、住んでいる場所に、家はもちろん田畑や家畜をもっている住民も多く、避難した場合には経済的にも負担がかかります。法律で警戒区域や計画的避難区域に指定された場合には、避難するしかありませんが、避難区域に近いものの法律で強制はされていないという場合に、避難するかどうかは、ひとりひとりの判断にまかせられています。

あなたの身をおびやかす危機を予測できるとしたら、知りたいですか？

「きょうの午後に大地震がくる」「一週間後、地球のどこかに隕石が落ちる」などと、あらかじめ知ることができるとします。知っておけば、危険に対して準備をすることができます。しかし、知ってしまったら、残された時間をおびえながらすごすことになるとも考えられます。

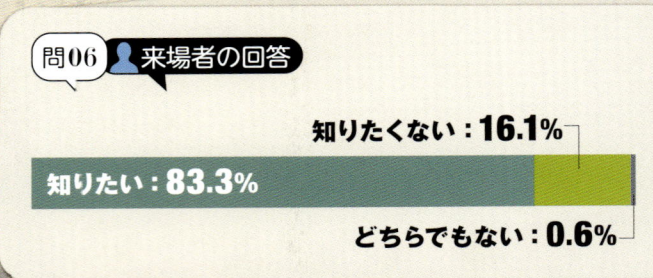

問06 来場者の回答
知りたくない：16.1%
知りたい：83.3%
どちらでもない：0.6%

「地震予報」が流れたら？

下のテレビ画面では、キャスターが「地震予報」をおこなっています。「和歌山県沖で大地震が発生する確率は本日が70％、明日が90％」。このような地震予報を流すのは、よいことなのでしょうか？

地震や病気など、科学による予測は100％のものではなく、つねに確率でしめされるものです。天気予報と同じように、可能性が高いか、低いかという問題なのです。「5時間後に70％の確率で巨大地震が起こる」と予測されても、そのときにどう行動するかを日本じゅうの人がわかっていないと、かえって混乱をまねくだけになってしまいます。また、予測が当たらなければ、人びとが地震予報を信じなくなり、逆効果をもたらしてしまうことも考えられます。

まずは、予測に対してどう行動するかを、国や都道府県、市町村、学校や家庭など、それぞれが決めておく必要があります。

写真提供：日本科学未来館

緊急地震速報の役割

　震度5以上の地震の発生が予測されるとき、テレビなどで緊急地震速報が出されます。緊急地震速報は、地震が発生した直後に、地震計がとらえた観測データを分析し、各地の震度やゆれが伝わる時刻を数秒で推定して、それをできるだけはやく人びとに知らせるものです。緊急地震速報が発表されてからゆれがはじまるまでの時間はわずかですが、少しでもはやく地震の発生を知ることができれば、安全な場所へ身を寄せるなど、地震への対応を確実におこなうことができます。

　2011年3月11日に東日本大震災が発生したあと、3月29日までに、緊急地震速報は45回出されました。このうち、おおむね適切に発表したとされるのは15回で、的中率は3分の1でした。だからといって速報を軽視せず、速報が出たら身の安全を確保して、地震にそなえることが必要です。

　緊急地震速報は、左のページの「地震予報」よりも短い時間での予測ですが、多くの人が携帯電話などで速報をキャッチし、いざというときにそなえることも可能です。

緊急地震速報を発表した地域およびの主要動到達までの時間

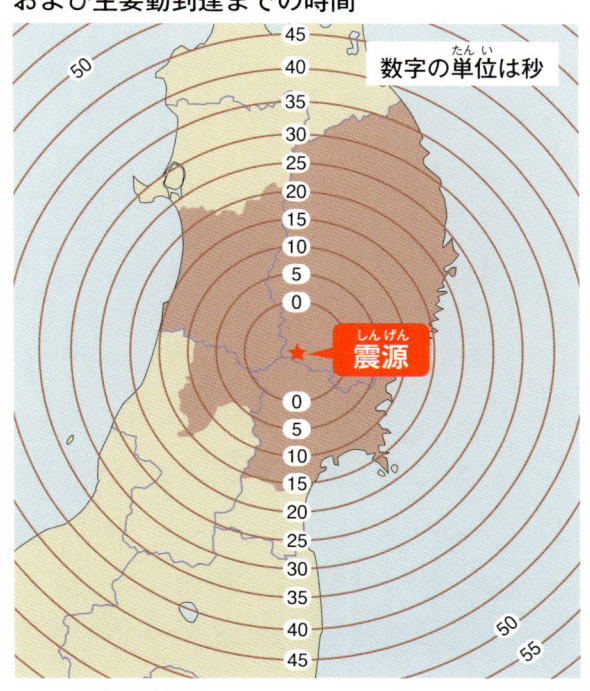

岩手・宮城内陸地震で、2008年6月14日8時34分に緊急地震速報を発表した地域。地図上の円と数字は、地震が発生してからゆれが伝わるまでの時間を秒であらわしている。
参考：気象庁ホームページ

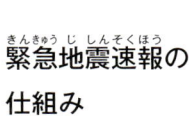

緊急地震速報の仕組み

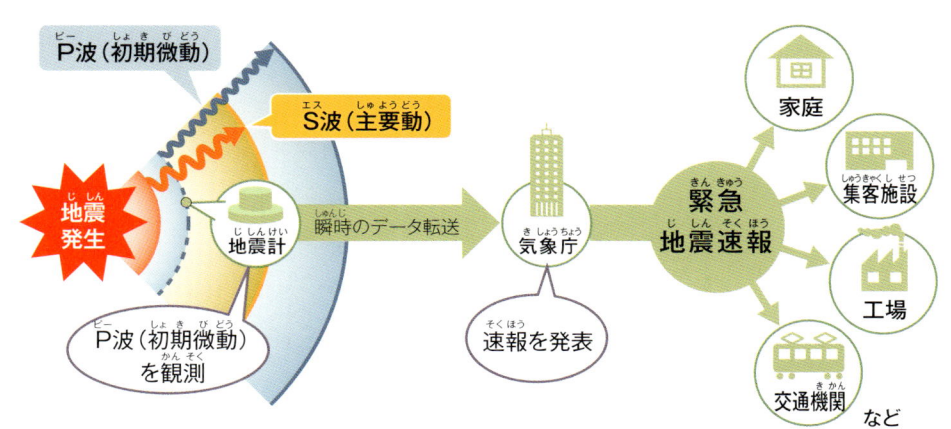

07 どんな病気になるかあらかじめわかるとしたら、知りたいですか？

大きな病気は、あなたの人生を大きく変える可能性があります。病気になるかどうかは、ふだんの食事や運動といった生活習慣によっても左右されますが、遺伝による要因も無視できないと考えられています。実際に、遺伝子から病気になる確率を知ることができるようにもなっています。

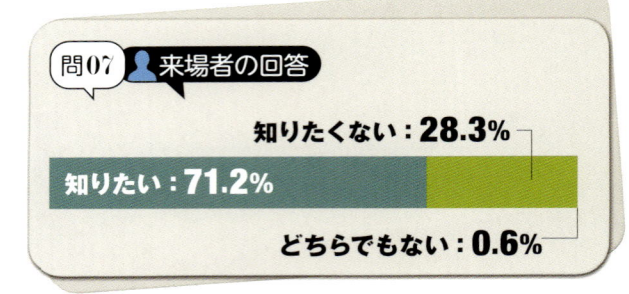

問07 来場者の回答
- 知りたくない：28.3%
- 知りたい：71.2%
- どちらでもない：0.6%

DNAから病気がわかる？

親から子へと受けつがれ、生物のからだの設計図となるものがDNAです。DNAには遺伝情報が組みこまれ、生物のうまれつきの性質を決定しています。

このDNAから病気になる確率を判定するサービスが、海外にあります。そのような専門調査会社によるサービスを受けるときは、まずはこの会社からチューブが送られてきます。これに、自分のつばや口のなかの細胞をこすりとったものを入れ、送りかえします。すると専門調査会社は、細胞からDNAを取りだして解析し、さまざまな病気になる確率や、薬の副作用の出やすさなどを、「予測リスク」として算出してくれるのです。

解析の結果は、下のように出てきます。予測リスクが25%以上の場合、またはアメリカの平均値の1.2倍以上の場合は、オレンジ色で表示されています。

あなたの予測生涯リスク（例）

0～1%	1～10%	10～25%	25～50%	50～100%
不穏下肢症候群 あなた：0.91% 平均：4.0%	前立腺がん あなた：9% 平均：17%	心房細動 あなた：22% 平均：26%	変形性関節症 あなた：44% 平均：40%	該当なし
バセドウ病 あなた：0.56% 平均：0.55%	肺がん あなた：6% 平均：8%	2型糖尿病 あなた：15% 平均：25%	心臓発作 あなた：32% 平均：42%	
脳動脈瘤 あなた：0.47% 平均：0.64%	アルツハイマー病 あなた：5% 平均：9%		肥満症 あなた：29% 平均：34%	
クローン病 あなた：0.38% 平均：0.58%	胃がん あなた：3.1% 平均：2.4%			

凡例
病名
あなたが生涯で病気になる確率
平均の確率

参考：Navigenics社による遺伝子検査　https://www.navigenics.com/

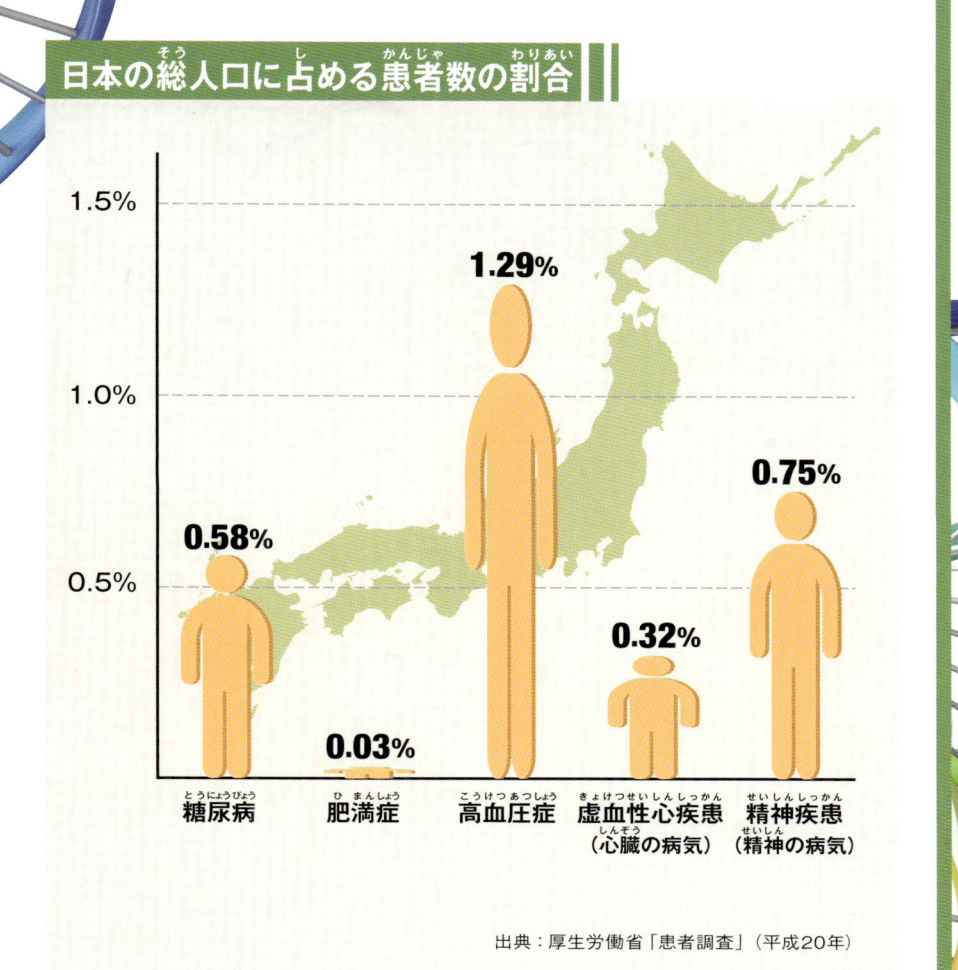

日本の総人口に占める患者数の割合

糖尿病 0.58%
肥満症 0.03%
高血圧症 1.29%
虚血性心疾患（心臓の病気） 0.32%
精神疾患（精神の病気） 0.75%

出典：厚生労働省「患者調査」（平成20年）

自分がどんな病気になるかを知ったら、それを家族やだいじな人に知らせますか？

相手によけいな心配をさせてしまうのではないかと思うと、知らせるかどうか迷いが生じます。しかし、重大な問題をひとりでかかえているのはつらいものです。逆に、大事な人が病気になるとして、自分はそれを知りたいかどうか、考えてみることも必要です。

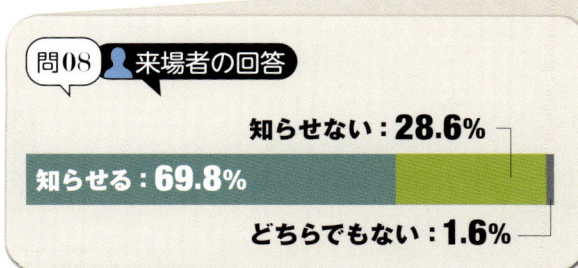

問08 来場者の回答

知らせない：28.6%
知らせる：69.8%
どちらでもない：1.6%

09 危機がせまっていることを知ったら、残された時間でなにをしますか？

自分に残された時間が少しずつ短くなっているとしたら、なにをしますか？　30年、3か月、1日……。残された時間の長さによって、なにをするかも変わります。しかし、わたしたち生きているものは、みな、少しずつ死に近づき、残された時間はつねに短くなっているのです。

危険を知ってからの時間

- 交通事故 **2秒**
- 地震速報 **5秒**
- 飛行機墜落 **数分**
- 津波 **30分**
- 太陽嵐 **数日**
- 隕石の衝突 **数か月～数十年**

問09　来場者の回答

5秒前
- 深呼吸
- 受けいれる
- 自分で命を絶つ
- きっと、なにもできない

3分前
- 意地でも笑う
- 大切な人たちにメッセージを残す
- 子どもたちを抱きしめる
- 暴走する

1時間前
- 日記を燃やす
- すごい化粧して、一番気に入った服を着る
- 家族のもとへ行く

2日前
- みんなであそぶ
- かぞくとおいしいものをたべる
- いつもどおり
- 好きな人に会いにいく
- 日記を書く

※上が危機の内容、下が残された時間。時間はあくまで目安です。状況によってことなります。

30年前
- 農業を始める
- 科学を発達させる
- 思い出をつくる
- 家族と一緒にいる
- とくになにも考えず、毎日をたのしくすごす

5年前
- 遊んで暮らす！！
- 後先みずに仕事する
- 子どものためのそなえをする
- 世界旅行に出る

1年前
- お礼を言いにまわる
- 出家する
- 家族とすごす
- やりのこしたことをやる 後悔しないように

3か月前
- 身辺整理
- 家族旅行
- 結婚を申しこむ
- 片づけ
- いっぱい遊んでいっぱい笑う

⑩ リスクがない環境で安心して生きたいですか？

わたしたちはさまざまなリスクとともに生きています。リスクを避けて、食中毒にあわないよう生のものはたべない、交通事故にあわないよう外出はしない、病気をうつされないよう人に会わない、そんな環境では、かえって運動不足やストレスをまねくかもしれません。

動物園のゾウの寿命 16.9年
（中央値）

写真：田中光常／アフロ

守られた環境は本当によい？

下にしめしたのは、ある研究による動物園のゾウと野生のゾウの寿命の中央値＊です。

動物園のゾウは、エサを十分にあたえられ、ライオンなどほかの動物におそわれる危険がないにもかかわらず、野生のゾウよりもずっと短い寿命です。さらに野生のゾウのうち、人間によって殺されるゾウを除いた場合、寿命はより長くなり、動物園のゾウの3倍以上になります。

動物園のゾウの寿命が短い原因はいくつか考えられます。たとえば、運動する面積が限られていることによる肥満、母親と離れて暮らすことによるストレスなどです。

この結果からは、一見リスクのない守られた環境にも、なんらかのリスクがひそんでいるようだといえます。

＊いくつかの値を小さい順に並べたとき、真ん中になる値。
参考：Science Vol. 322, no. 5908 pp1649 (2008).

野生のゾウの寿命
35.9年（中央値）
56.0年（野生のゾウのうち、人間によって殺されるゾウを除いた場合）

リスクを完全になくすことはできない世界で、あなたはリスクとどうつきあいますか？

わたしたちは生きていく上で、災害や病気などのリスクに対して、どのリスクをとり、どのリスクを避けるかを選択しています。リスクを選択するのは、それによって得られる利益があるからです。どのリスクを選択するかは、どう生きるかということでもあるのです。

リスクとつきあう人へのインタビュー

救命救急医の場合

 話 **横田 裕行**（日本医科大学大学院侵襲生体管理学［救急医学］教授、同高度救命救急センター長）

生と死を前に、日々感じることはなんですか？

「最善の治療」の判断をくだすことのむずかしさです。

わたしたち救急医は、患者さんが病院に搬入された瞬間から、患者さんが「治療を希望している」ことを前提に、回復にむけ全力で治療をおこないます。そうしたときに、医療チームのなかでも、そして患者さんやご家族とのあいだでも、最善の治療とはなにかの判断がわかれる場合があります。

同じ病気で、症状が同じ程度でも、最善の治療は患者さんごとにことなります。患者さんに意識がない場合には、ご家族やわたしたちが患者さんの生死にかかわる判断をくださなければいけません。

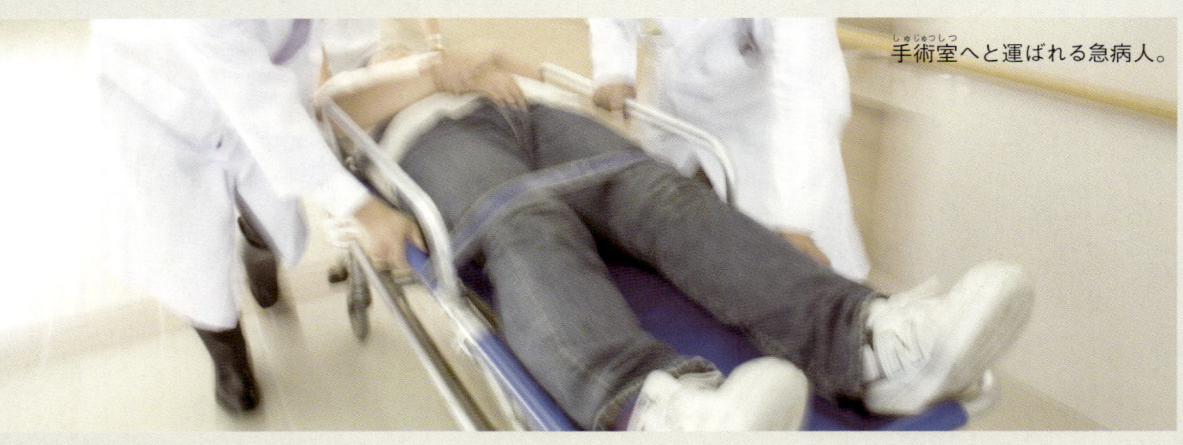

手術室へと運ばれる急病人。

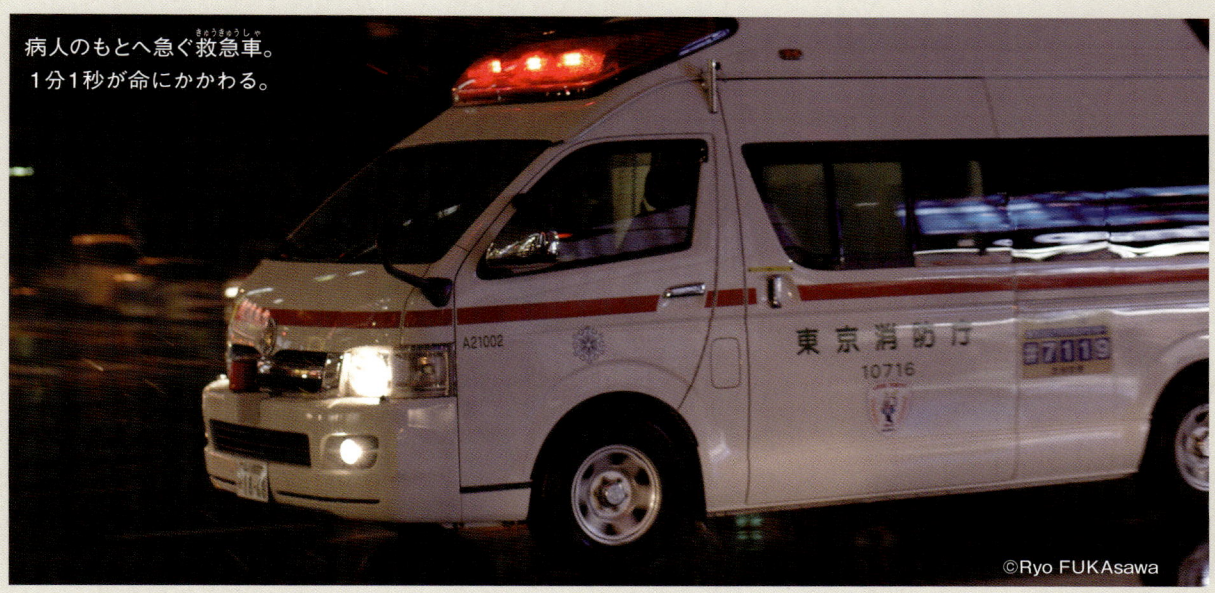

病人のもとへ急ぐ救急車。
1分1秒が命にかかわる。

わたしたちが日ごろそなえられることはありますか？

　生きることになにをもとめるか、考えておくことは大切です。また、自分で意思を伝えられない状態で受ける医療措置について、自分の意思をあらかじめ指示しておくことはできます。このことは、「事前指示（アドバンス・ディレクティブ）」によりおこなわれます。

　しかし、そのような状況を事前に正確に予想し、判断することはむずかしいと思います。たとえば集中治療を望まないと事前にはっきりと言っていた方でも、実際には治療を望むことはあります。その結果回復し、元気に退院していくことも多く経験します。

では、その困難をのりこえるために必要なこととは？

　まずは、倫理観を共有することです。救急の現場では最善の治療を選ぶことはかんたんではなく、ひとりの医師の意見のみで判断はくだしません。患者さんとそのご家族の考えをもとに、医師だけではなく、看護スタッフや、薬を処方する薬剤部などが議論したうえで判断をくだします。

　もうひとつは、強い信頼関係です。判断がむずかしいからこそ、医療チームと患者さんのご家族とのあいだに強い信頼関係をきずくことが欠かせません。

　突然のできごとに対して短時間でご家族が判断するのはむずかしいことです。このため、ご家族が状況を正しく把握できるように、そして患者さんの生死を決定する判断を精神的に支えるために、医療チームはご家族をしっかりサポートしなければいけません。

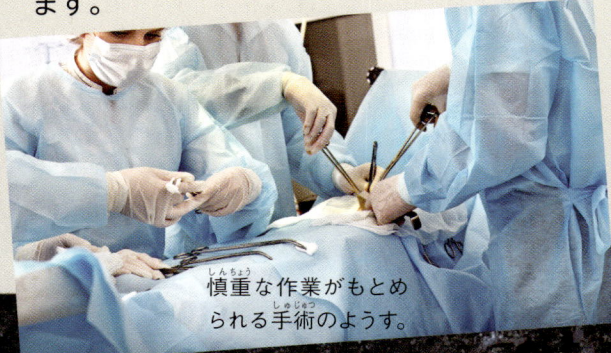

慎重な作業がもとめられる手術のようす。

警察官の場合

話 警視庁東京湾岸警察署　警備課　警察官

東日本大震災後、福島第一原子力発電所から20km圏内で捜索活動をおこなう。
写真提供：警視庁

警備課の警察官にもとめられる能力はなんですか？

　第一に、さまざまな事態の発生を予測する広い視野をもつことです。

　たとえばテロに対応するためには社会情勢に、災害に対応するためには天気予報や地震予知情報などに、ふだんからアンテナをはりめぐらせていなければなりません。街で起きていることについても同様です。

　その際に重要なのは、「イベントがあれば人が集まる、もしかしたら雑踏で事故が起きるかも……」というように、あらゆる場合で、「○○かもしれない」という可能性を想定することです。

　第二に、あらゆる事態にすばやく対応するための的確な判断能力がもとめられます。

そのためにどのような訓練をおこなっているのでしょうか？

　「図上訓練」という訓練があります。これは、地図上で、現場の地理、道路・建造物の状況、交通量、人出の状況などあらゆる情報をふまえて、突発的事態への対応をシミュレーションするというものです。次に、それを実際にやってみるという実践の訓練もおこないます。

　しかし、現実は甘くありません。よくわたしたちは「現場は生きている」と表現しますが、東日本大震災のように、突発的な事態というのは思いもよらぬ影響を引きおこすからです。だからこそ、ふだんからあらゆる可能性を想定しておくことが重要なのです。

さまざまな危険が想定されるなかで、もっともこわいことはなんですか？

大自然の驚異的な力です。

自然災害を前に人は無力です。しかし、地域の協力、あるいはひとりひとりの「ふだんの備え」で救われる命があります。同時に、たとえ首都直下地震が起きても、わたしたちは渾身の力をふりしぼって、最後まで都民のためにがんばりぬくつもりです。

危険のある仕事を支えているものはなんでしょうか？

国民の期待に対する誇りと使命感です。

東日本大震災後に、福島第一原子力発電所の使用済み核燃料プールの放水活動のために、わたしたちは緊急召集されました。現場は爆発後の残骸が不気味で、一瞬、恐怖すら感じました。しかし、危険をしめすアラームが鳴り、撤退しなければいけなくなった瞬間も、わたしは「まだできる」という一心でした。

作業前の不安感は、職員のみなさんの期待のまなざしを見たとき、「今自分がやらなければだれがやるんだ」という使命感に変わり、わたしをふるいたたせてくれたからです。

そのほか、いつもわたしを見守ってくれる家族の存在もわたしの支えです。

仕事をするうえで、ふだんから心がけていることはありますか？

「ふだんの備え」です。冷静に的確に行動できるよう、訓練を欠かさないことです。さらに警察の力だけでは対処できない事態もありますから、ふだんから街の人びとと情報を共有し、みなさんとのつながりを強めておくことも大切です。

警視庁の広域救急援助隊による捜索・救助活動。
写真提供：警視庁

東日本大震災で被害を受けた地域での交通整理。
写真提供：警視庁

宇宙飛行士の場合

話 **毛利 衛**（宇宙飛行士）

スペースシャトル内で実験中の毛利宇宙飛行士。
出典：JAXA/NASA

毛利宇宙飛行士をのせて打ちあげられるスペースシャトル・エンデバー号。　出典：JAXA/NASA

宇宙飛行士にもとめられる能力はなんですか？

最悪の事態を想定する能力。そしてそれを切りぬける能力です。

最悪の事態とはなんですか？

死ぬことです。地球の外に出ていくのですから、死をもたらすさまざまな危険があります。

どのような訓練を
おこなっているのでしょう？

宇宙飛行士の訓練の98％は、あらゆるトラブルを想定し、それを実際に起こし、解決する体験をくりかえしおこなうことです。重要なのは頭で考えるのではなく、死からどう逃れるかを徹底して、からだで覚えることです。

どういう人が宇宙飛行士に
向いていると思いますか？

優等生ではダメです。つまずいたり、失敗したりして、それをのりこえて生きてきた人が向いています。

自然が相手なので、人の考えのおよばない「想定外」のことがたくさんあります。それに立ちむかうことができるのは、全体を把握できる能力と生きる本能そのものでしかありません。そのとき、いかに生命としての感覚を研ぎすまして生きてきたかが問われるのです。

危険に "あえて" 行く
宇宙飛行士としての心がまえとは？

大事な考え方が3つあります。

ひとつは「わかる／わからない」をはっきりさせること。次にどうなるかがわかっていればパニックになりませんし、また「わからない」ことがなにかを知らなければ、「わかる」状態はつくれません。

次に、ギリギリ助かる状況と、どうにも助からない状況との境界がどこにあるかを知っておくことです。

そして最後にいちばん大事なことは、「楽観的」であること。未知の自然を相手に想定外の事態が起こり、もう助からないとわかったとしても、それでもなぜか自分は生きのびることができると信じ、夢中でもがきつづけることが重要なのです。宇宙飛行士はみんな楽観的な性格だと思います。

プールで脱出訓練をおこなう毛利宇宙飛行士。
出典：JAXA/NASA

問11　来場者の回答

見て見ぬふりをする：12.5%　利用する：35.6%

逃げる：25.4%　たたかう：26.6%

さくいん

あ

遺伝 ………………………………… 26
遺伝子 ……………………………… 26
遺伝情報 …………………………… 26
医療チーム ……………………… 32、33
医療措置 …………………………… 33
隕石 …………………………… 8、24、28
宇宙飛行士 ……………………… 36、37
運動不足 …………………………… 30
エイズ ………………………… 10、11
大地震 ▶ 地震
大津波 ▶ 津波

か

火災 ………………………………… 9
火山 …………………………… 13、16
ガン ………………………………… 9、10

感

感染症 ………………………… 10、15、17
飢餓 ………………………………… 17
救命救急医 ………………………… 32
緊急地震速報 ……………………… 25
国の借金 …………………………… 18
警察官 ……………………………… 34
原子力発電所 ………………… 13、16
高所得国 …………………………… 10
交通事故 … 8、9、11、12、15、18、28、30

さ

災害 …………………………… 32、34
殺人 ………………………………… 9
死因 …………………………… 10、11
自殺 ………………………… 9、10、19
地震 ……………… 13、14、15、16、24、25
地震速報 ▶ 緊急地震速報
地震予報 ……………………… 24、25
自然災害 ……………………… 13、35
失業 ………………………………… 19
首都直下地震 ………………… 8、35
寿命 …………………………… 19、30、31
食中毒 ……………………………… 30

さ
食料自給率 …………………………… 17
水質汚染 ……………………………… 18
図上訓練 ……………………………… 34
ストレス ………………………… 30、31
戦争 …………………………………… 17
ゾウ ……………………………… 30、31

た
大気汚染 ……………………………… 18
台風 ………………………………… 8、13
太陽嵐 ………………………………… 28
中所得国 ……………………………… 11
治療 ……………………………… 32、33
津波 ………………………… 8、13、16、28
DNA …………………………………… 26
低所得国 ………………………… 10、11
テロ …………………………………… 34

な
内戦 …………………………………… 17
南極 …………………………………… 21

は
犯罪 …………………………… 14、15、19
東日本大震災 ……………… 22、25、34、35
飛行機墜落 …………………………… 28
避難 ……………………………… 22、23
肥満 …………………………………… 31
病気 …………………… 26、27、30、32
福島第一原子力発電所 ……… 22、23、35
福島第一原発 ▶ 福島第一原子力発電所

ま
毛利衛 ………………………………… 36

ら
リスク ………………… 15、21、26、30、31、32
倫理観 ………………………………… 33

■編

こどもくらぶ

「こどもくらぶ」は、あそび・教育・福祉分野で、子どもに関する書籍を企画・編集しているエヌ・アンド・エス企画編集室の愛称。図書館用書籍として、毎年10〜20シリーズを企画・編集・DTP制作している。これまでの作品は1000タイトルを超す。
http://www.imajinsha.co.jp/

- 企画・「はじめに」／稲葉茂勝
- 表紙・本文デザイン／長江知子
- 進行・管理／小林寛則
- 編集／齊藤由佳子

■企画協力

日本科学未来館 [東京・お台場]

日本科学未来館は、先端の科学技術と人とをつなぐサイエンスミュージアム。参加体験型の常設展示のほか、実験教室、企画展、トークセッションなど多彩なメニューがあり、科学コミュニケーターやボランティアと対話しながら、次の時代を切りひらく「新しい知」としての先端科学技術を体験することができる。未来館ではこれらの活動を通して、先端科学技術を文化の一つとして社会全体で共有することを目指している。
http://www.miraikan.jst.go.jp/

■写真協力

© photonewman
© lupoalb68
© bptu
© Hakan Kızıltan
© Mihalis A.
© FAUP
© Paylessimages
© Gennadiy Poznyakov - Fotolia.com
裏表紙写真：
　（左）東京消防庁
　（右）Can Stock Photo Inc. / vulkanette

■DTP制作

株式会社エヌ・アンド・エス企画

世界の終わりのものがたり　〜そして未来へ〜　①予期せぬ終わり

2013年3月25日　　第1刷発行　　　　　　　　　　　　　　　　　　NDC113

編	こどもくらぶ
企画協力	日本科学未来館
発行者	玉越直人
発行所	WAVE出版
	〒102-0074　東京都千代田区九段南4－7－15
	TEL 03-3261-3713　FAX 03-3261-3823
	振替00100-7-366376
	E-mail：info@wave-publishers.co.jp
	http://www.wave-publishers.co.jp
印刷	萩原印刷
製本	若林製本

©2013　Kodomo Kurabu
落丁・乱丁本は小社送料負担にてお取りかえいたします。
本書の一部、あるいは全部を無断で複写・複製することは、法律で認められた場合を除き、禁じられています。
また、購入者以外の第三者によるデジタル化はいかなる場合も一切認められませんので、ご注意ください。

40p 29cm
ISBN978-4-87290-970-8

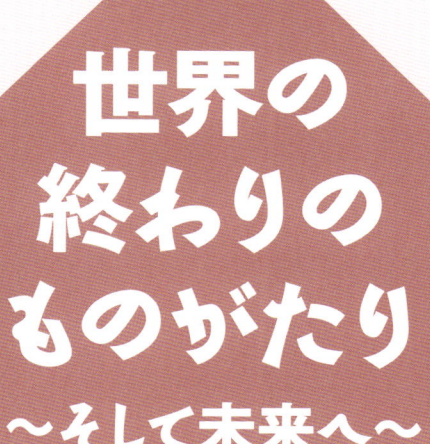

世界の終わりのものがたり
～そして未来へ～
全3巻

編／こどもくらぶ
企画協力／日本科学未来館

❶ 予期せぬ終わり
❷ わたしの終わり
❸ 文化の終わりとものがたりの終わり